AF232931

L'OPINION GRISE

PARIS

IMPRIMERIE BALITOUT, QUESTROY ET C[c],

7, rue Baillif, et rue de Valois, 18.

L'OPINION GRISE

PAR UN INDÉCIS

PARIS

E. DENTU, LIBRAIRE-ÉDITEUR

PALAIS-ROYAL 17-19, GALERIE D'ORLÉANS

1875

L'OPINION GRISE

PAR UN INDÉCIS

I

Croiriez-vous que, lorsque je lus ce titre dans un cercle d'intimes, certains d'entre eux entendirent mal : ces derniers avaient cru comprendre que je m'appliquais une qualification malsonnante, cette épithète leur paraissant d'ailleurs parfaitement s'adapter à celui qui ne craignait pas de se dépouiller de toute espèce de parti-pris, et osait venir affirmer une opinion n'ayant aucun cours sur le marché politique français.

A ce compte-là, je suis certain que j'en aurais connu beaucoup de ma trempe, et l'épithète susdite se popularisant, eût perdu dès lors beaucoup de sa signification blessante.

Car, il ne faut pas s'y tromper, nous sommes beaucoup dans le giron de l'*Opinion Grise ;* et si, plusieurs d'entre nous, qui affectent majestueusement des opinions transcendantes, descendaient simplement bien au fond de leur conscience politique ; si, manœuvrant avec légèreté le clavier aux touches multiples de leurs opinions respectives, la grande majorité des Français se rendait bien compte du concerto politique dont la presse, aux cent et je ne sais plus combien de bras,

leur bat la mesure sans aucune espèce de silence et pas mal
de soupirs ; si enfin nous redevenions simplement *nous-mêmes,* combien de nous se trouveraient avec stupéfaction par-
tager l'*Opinion Grise,* c'est-à-dire n'en avoir aucune ; combien
se remettraient à piocher avec ardeur la gamme naturelle de
l'Ordre, de la Tranquillité, de la Confiance et de la Famille.

Certes, la tâche est ingrate, nul horizon désormais pour
l'ambition impatiente de nos rhéteurs aux petits pieds ; le
balcon traditionnel ne servirait plus qu'à étaler la vie paisible
de la famille, et nos assemblées législatives, vouées tranquil-
lement aux travaux laborieux de l'administration du pays, ne
se montreraient plus à certains jours comme la succursale élégante des *premières* de nos théâtres de genre ; on se contente-
rait de hausser les épaules en voyant M. Jules Simon cher-
cher sa voie dans un concours de rosières.

Avant d'aller plus loin, il faut cependant que je m'explique
un peu : le mot *Opinion Grise* n'est certainement pas de moi,
je le trouvai un jour dans un journal du matin ; cette qualification me frappa, je m'y cramponnai comme un égaré qui
retrouve son chemin, ou plutôt plus prosaïquement, comme
quelqu'un qui a pris la malheureuse habitude de lire tous les
journaux, à quelque opinion qu'ils appartiennent.

Vous, à qui je pourrais demander quelles sont vos opinions à l'heure actuelle, de peur que demain vous ne puissiez
plus me répondre, permettez-moi une simple question : —
Vous êtes-vous jamais demandé sérieusement ce que cela
au juste voulait dire, « *avoir une opinion ?* » — Qui n'en a
pas ? me répondrez-vous. — Et moi de vous répliquer : —
Quel est celui qui, en possédant une, pourrait me la définir
d'une manière exacte ?...

Avoir une opinion ? telle est la première question que deux
indifférents s'adressent de la façon la plus réciproque à leur

première entrevue. La réponse très courte est toujours un simple nom propre ; mais pas un mot de plus, car, si la conversation s'allonge, tout peut s'embrouiller, tellement l'explication en arriverait à dénaturer le sens de la première réponse.

Causez politique avec la première personne venue qui n'ait pas la moindre idée de vos principes et de votre situation sociale, je suis persuadé que votre interlocuteur vous quittera, très embarrassé de définir vos opinions, si toutefois il ne vous en accorde de diamétralement opposées à celles dont vous vous parez.

Eh bien ! l'*Opinion Grise* n'a rien de ce chaos d'idées dans lequel vous voulez faire étinceler le nom brillant d'un parti quelconque ; un peu de bon sens, deux grains de désintéressement, beaucoup de patriotisme et pas mal d'abnégation personnelle, en face de l'intérêt général, voilà le bagage d'un partisan de l'*Opinion Grise*.

Français, avant d'être un membre plus ou moins actif de la Gauche, de la Droite et de tous les Centres possibles, ce partisan *gris* pourra, sans crainte, parler d'un *cœur léger* à l'approche du premier péril.

Tout ce qu'il aura fait, il l'aura fait pour son pays ; les vaines déclamations d'une évolution intéressée n'auront jamais souillé sa bouche, et c'est la tête haute qu'il pourra choisir ses dernières espérances... Le respect l'y suivra, et, dans les temps de découragement dans lesquels nous vivons, combien pourrions-nous en compter sur qui la confiance générale puisse s'appuyer en toute sécurité ?...

Examinons donc, une à une, toutes ces opinions diverses qui se partagent le monde politique, et voyons où il existe le plus de bon sens, ou parmi ceux qui appartiennent à un parti bien défini et parfaitement dénommé, ou parmi ceux qui voudraient bien, pour le moment, se contenter de n'avoir aucune opinion, politiquement parlant.

II

Dans le monde qui se respecte, on ne reconnaît que quatre grandes opinions plus ou moins bien portées.

En premier lieu, la *Légitimité;* — l'*Orléanisme* suit, le principe héréditaire bien dissimulé sous un manteau régence à côté de la Constitution de 1830; — le *Bonapartisme* vient ensuite, une urne sous chaque bras; — et le *Républicanisme* termine la marche, les mains démocratiquement dans ses poches.

Maintenant, vous qui m'écoutez, à laquelle de ces quatre grandes divisions appartenez-vous? Et pourquoi appartenez-vous à celle-ci plutôt qu'à celle-là? Voyons, faisons un examen de conscience *consciencieux;* ne nous leurrons pas de mots creux et d'autant plus sonores qu'ils sont plus vides de toute idée... Examinons :

LÉGITIMISTES.

Ce groupe est le plus intéressant, et je le recommande à l'histoire.

Honneur et Candeur, telle sera sa devise.

Comme une statue de granit à l'embouchure du fleuve de l'Idée, le Comte de Chambord sera l'éternel cauchemar de nos grands et petits politiques modernes et futurs.

Mais l'histoire impartiale ne craindra pas de dire que si, placé plus près de ceux qui l'appelaient comme un sauveur, le Comte de Chambord eût senti battre à ses côtés ce cœur chaud et patriotique d'une France mutilée, mais fière encore dans ses malheurs et dans sa honte; si le petit-fils d'Henri IV eût ramassé à nos côtés ces étendards rouges encore du sang de tant de braves, la force eût certainement manqué à cet homme de cœur, pour se rappeler un passé théorique et pour venir demander à nous, les survivants, de rendre à ces lambeaux glorieux leur blancheur primitive!...

Non, Monseigneur, vous n'eussiez pas eu ce courage!...

Et vous tous, ses partisans impérieux et absolus, vous tous que j'honore et que je respecte, vous qui n'avez marchandé à la France Gambettiste ni votre sang ni votre argent, pourquoi lui marchandez-vous aujourd'hui son repos et peut-être son avenir?...

Des traditions de famille, une éducation spéciale, un point d'honneur, — bien douteux, lorsqu'il s'agit de son pays, — voilà ce qui vous guide, voilà pourquoi vous êtes des *Légitimistes*; c'est l'unique raison, et vous n'en avez pas d'autres.

Certes, cela est noble, cela peut paraître grand, cela pose de suite toute une famille dans le cercle de vos relations, mais cela n'est pas pratique.

Si, dans la dernière guerre, le parti légitimiste n'eût pas glorieusement conquis sur les champs de bataille ses titres de patriotisme, on pourrait presque croire aujourd'hui qu'il oublie un peu trop la France pour ne songer qu'à lui-même.

Car enfin, que le Comte de Chambord vienne à mourir demain, — la France, elle, ne meurt pas, — que deviendrez-vous alors, vous et vos principes aussi fermes qu'un roc?

Quel avenir de tranquillité et d'espoir offrez-vous à votre pays ?.....

Le comte de Paris deviendrait-il votre chef? Permettez-moi d'en douter, votre honneur m'en est garant.

On ne lave pas certaines taches, et le petit-fils de Philippe-Egalité, l'héritier de 1830, le fusionniste de tout à l'heure devenu républicain de par les combinaisons savantes de l'échiquier constitutionnel, ne pourra jamais adapter à sa tête la couronne d'Henri V.

Le Bonapartisme vous adressera peut-être son plus gracieux sourire, mais le noble faubourg, oubliant comment ses ancêtres gagnèrent leurs éperons, se trouverait mal à l'aise dans ces duchés et marquisats de fraîche date, titres glorieux cependant qui éternisent nos victoires.

La République ?... Laquelle?... allez-vous me demander, à moins que vous ne vous contentiez de hausser dédaigneusement les épaules...

A cela je ne saurais moi-même que vous répondre..... Passons.

Eh bien! voyez-vous, vous vous rangerez à nos côtés. A l'approche du premier danger, s'il vous reste quelque souci de l'avenir de la France, vous viendrez grossir le nombre de ceux qui, la main sur les plaies de notre pays, ne cherchent qu'une chose, le relever de sa chute, et pour cela ne lui dictent d'autres conditions que le repos et l'espoir dans l'avenir.

Place pour vous dans l'*Opinion Grise*.

ORLÉANISTES.

Vous êtes Orléaniste, n'est-ce pas, Monsieur? Auriez-vous dès lors l'extrême bonté d'expliquer à un Indécis quels sont au juste vos idées, vos espérances, votre *modus vivendi*, ce qui fait que vous ne ressemblez ni à un légitimiste, ni à un bonapartiste, ni à tous les républicains possibles et imaginables, enfin la raison pour laquelle il y a de par le monde quelques orléanistes, ou plutôt de profonds politiques qui se parent encore de ce nom?

Adressez cette question au premier orléaniste que vous rencontrerez sur votre chemin et vous trouverez devant vous l'homme le plus embarrassé qu'il vous soit possible de rêver.

Le légitimiste a ses principes, le bonapartiste a ses plébiscites, le républicain ses théories plus ou moins utopistes...

Mais l'orléaniste?...

Grattez un orléaniste (et ils sont nombreux aujourd'hui ceux qui ont une double enveloppe), vous trouverez l'orléaniste ; prenez-le dans toutes les branches de la société, il restera toujours l'orléaniste, c'est-à-dire une infusion de compromis agréablement relevée par les épices constitutionnelles.

Le *Journal de Paris,* d'un côté; le couteau à papier traditionnel, de l'autre ; de fortes dispositions pour devenir un de ces jours membre de l'Académie Française ou de plusieurs autres Sociétés savantes; sceptique et frondeur, voilà l'orléaniste.

Ajoutez à cela une forte dose de haine contre le bonapartisme (*question d'intérêts*) et vous pouvez arborer en toute sécurité le titre d'orléaniste, à quelque parti d'ailleurs que vous apparteniez d'une manière ostensible.

Vous trouverez en effet l'orléaniste partout et dans tous les partis, mais ne vous y trompez pas, ce ne sont là que des fugues, cela s'appelle de la *stratégie parlementaire.*

Né bourgeois, l'orléaniste vise toujours à l'effet, et une de ses marottes fut toujours la *stratégie.*

Mais entendons-nous bien, la stratégie de cabinet.

C'est l'orléaniste qui a inventé ou plutôt perfectionné la

stratégie parlementaire èt c'est une justice à lui rendre, il n'y a jamais trouvé son maître.

Nous avons tous vu, dans ces dernières années, un de ses chefs les plus autorisés, l'illustrissime M. Thiers, opérer d'après les règles de la voltige la plus élégante, les évolutions les plus fantastiques que l'histoire parlementaire aura jamais à enregistrer.

Quelques lieutenants le suivirent, mais mon Dieu, combien de piteuses culbutes !

M. Thiers, lui seul, a su se retourner sur ses petites jambes, et, après un salut aussi gracieux que dans ses plus beaux jours de triomphe, s'est empressé d'aller retrouver ses fidèles et chères études.

Maintenant étudiez encore aujourd'hui M. Thiers, tel il était au pouvoir, tel vous le retrouverez sur la brèche de l'opposition ; le balancier penché vers la gauche, dites-vous, vers l'extrême gauche même... relevez les lunettes de l'illustre vieillard et vous verrez si ces yeux pétillants de malice ne font pas encore étinceler sur les murs de *son* théâtre de Versailles ces trois mots :

Orléanisme ! Orléanisme ! Orléanisme !

M. Thiers est le type le plus parfait d'orléaniste que les classiques de nos petits-fils pourront leur retracer dans leurs leçons d'histoire.

C'est bien là l'esprit d'opposition quand même, partout et toujours.

Tout ce qui ne découle pas immédiatement de la source pure de cette imagination d'élite est aussitôt frappé d'ostracisme et doit être considéré par les fidèles comme un songe-creux.

Beaucoup de gens se figurent, par exemple, que M. Thiers est *protectionniste,* c'est là une erreur grossière ; M. Thiers n'est pas plus protectionniste que vous et moi, mais le *libre-*

échange et les *traités de commerce* ont le tort grave à ses yeux de n'avoir pas été élaborés par la plume de son fidèle Barthélemy.

Si l'Empereur eût accordé à M. Thiers la gloire d'opérer la grande réforme économique de 1860, nul doute que le *libre-échange* n'eût compté aujourd'hui, dans l'illustre historien, un de ses plus ardents et de ses plus fidèles adeptes...

> *....ab uno disce omnes !*

. . . .

Je désespérerais presque de compter jamais le parti orléaniste parmi les futurs adeptes de l*Opinion Grise*, si un point noir ne grossissait chaque jour à l'horizon de ces audacieux et habiles pilotes. Je veux parler de l'héritage légitimiste dont le comte de Paris est l'unique héritier.

Ce jour-là, si le petit prince d'Orléans qui vient de poindre à l'aurore politique ne continue pas les traditions de toutes les branches cadettes passées ou futures, les orléanistes que vous croyez aujourd'hui voués à la sainte République rentreront aussitôt dans l'*Opinion Grise*.

BONAPARTISTES

L'*Appel au peuple,* comédie en plusieurs actes et pas mal de tableaux, tel est le titre du scénario dans lequel s'agitent sur le théâtre politique chefs et comparses bonapartistes.

La comédie est intéressante, et la critique la plus difficile ne trouverait rien à redire dans la manière dont les rôles sont tenus.

La postérité s'étonnera, et elle sera moins étonnée que

nous ne le sommes nous-mêmes, de la rapidité, pour ne pas dire de l'audace, avec laquelle ses intrépides partisans ont su, en très peu de temps, reprendre une très large place dans la vie politique.

La raison en est bien simple, laissant les autres partis conservateurs s'agiter dans le vide et parlementariser à leur guise, les bonapartistes, imitant en cela les républicains, ont agi directement sur la masse.

On leur en a fait un procès... de tendance.

Je ne sais si, dans cette circonstance M. Rouher n'a pas chaudement remercié M. Savary, mais franchement il y avait bien de quoi.

Pour nous, gens de l'*Opinion Grise*, les bonapartistes nous paraissent avoir su mettre pas mal d'atouts dans leur jeu.

Toujours et partout sur la brèche, champion intrépide, il faut le reconnaître, du parti conservateur, l'impérialisme est appelé dans la prochaine lutte électorale à traîner à sa suite tous ceux qui ne portent pas dans leur cœur le système républicain.

Aussi ne leur contesterons-nous ni leur influence, ni leur habileté, mais au moins finissons-en une bonne fois avec ces grands mots Appel au peuple.

Il est dans le parti bonapartiste, comme dans tous les partis en général, une quantité infinie de nuances plus ou moins bien caractérisées ; la théorie de l'Appel au peuple, heureusement ravie par eux au parti Républicain, a su ranger toutes ces nuances sous le même drapeau.

Vous tous, Impérialistes et Bonapartistes, vous connaissez aussi bien, pour ne pas dire mieux que nous, le degré de confiance que l'on peut accorder à une manifestation plébiscitaire.....

Le 4 septembre suivant de près le dernier plébiscite impérial a bien su vous édifier sur ce point délicat.

Eh bien! alors, pourquoi poursuivre cette illusion chimérique d'un Appel au peuple?...

Lorsque vous vous dressez comme un point d'interrogation en face du parti républicain, patronnant avec force gestes le suffrage universel, je comprends votre tactique et j'en ris de grand cœur, mais dès que vous vous tournez du côté de ce qu'il est convenu d'appeler le parti conservateur; pourquoi conserver cette toge de tribuns et agiter vos urnes triomphales!

Vous n'êtes un parti de prétendant qu'à la seule condition de maintenir le Prince impérial sur le terrain de l'hérédité.

Hors de là vous rentrez dans le droit commun, et celui qui pourrait se présenter à la France sous le nom de Napoléon IV n'a plus d'autres ressources pour se vouer à la vie publique que de se faire inscrire au rôle des quatre contributions directes d'une commune quelconque.

La théorie de l'Appel au peuple a voilé légèrement votre qualité de prétendant; aujourd'hui vous écartez un peu ce faible rempart de gaze et vous vous résignez, à ce que j'en puis juger, à une attente plus ou moins longue; vous aussi, comme beaucoup d'autres, vous vous cramponnez au *système révisionniste;* sur ce terrain-là nous serons côte à côte, vous marcherez alors avec les partisans de l'*Opinion grise.*

RÉPUBLICAINS.

Je trouve dans un petit dictionnaire complet de la langue française, cette définition charmante : — République. « Tout » État où le peuple se gouverne lui-même, soit *immédiatement,* » soit par ses délégués. »

Je connaissais jusqu'à présent beaucoup de formes républicaines, la forme constitutionnelle, la forme conservatrice, la forme modérée, le radicalisme, l'intransigeante, la transigeante, etc... etc..., j'allais oublier l'aimable..... mais je ne connaissais pas encore la forme *immédiate,* le lexique de notre langue se charge de nous frayer une ère nouvelle.....

Il y aurait une étude très intéressante à faire sur le pourquoi et le comment, beaucoup de nos concitoyens en sont arrivés à affectionner ce qu'il est convenu d'appeler la *forme Républicaine.*

Je me contenterai, ici, à défaut de définition exacte et de renseignements précis, de rechercher ce que c'est au juste que la République et ce qu'il faut entendre par ce mot.

Je me hâte de dire,— et cela ne résiste même pas à un simple examen, — que la République n'a été qu'un mot, n'est encore qu'un mot, et ne sera jamais qu'un mot...

Maintenant, définir ce mot, le commenter, le faire passer d'une théorie nuageuse dans la nécessité la plus pratique, résoudre en un mot le problème républicain, cela, ne nous y trompons pas, ne s'est jamais fait et cela ne se fera jamais.

Nous sommes probablement destinés à voir toujours près de nous quelqu'un qui se dira républicain; à celui-là viendront s'en joindre d'autres, et nous aurons toujours *le Monde républicain;* mais cette chose abstraite, que l'on décore du nom de République, ce ramassis de théories où le sauvage se mêle au lyrique en passant par le biblique et en effleurant la région des singes, nous ne l'aurons, Dieu merci, jamais, car la République n'existe pas comme institution humaine, et la République n'existera jamais.

Seulement, comme il est convenu de dire et surtout de croire qu'on ne peut être libéral qu'en étant républicain, dès qu'une idée libérale, ou plutôt une idée nouvelle, passe par la tête d'un penseur quelconque, et que ce penseur ne déteste pas la popularité, le voilà immédiatement passant avec armes et bagages du côté de son adversaire de tout à l'heure, — mouvement intelligent si de futures élections pointent à l'horizon, — de là, la formation du *Monde républicain*, à l'ensemble duquel, vu de loin, la foule donne immédiatement le nom de République.

N'allez pas demander à tout ce monde-là, par exemple, de vous faire une déclaration de principes, ce n'est pas ce qui les gêne le plus, les principes.

Vous trouverez bien par-ci, par-là quelques illuminés, esprits inquiets et chagrins, qui sont républicains par induction, par déduction, par analyse ou par synthèse, mais ceux-là, rappelez-vous en bien, si jamais vous devenez républicain vous-mêmes, ceux-là sont les têtes de turc du parti; après chaque commotion politique, leur pays, à la républicanisation duquel ils ont voué le meilleur de leur vie, le pays, dis-je, leur accorde ses prisons d'Etat pour pouvoir rêver à leur aise...

Il est, dans cette circonstance, un phénomène très curieux à constater, c'est que le système cellulaire a enfanté les plus étranges rêveries du socialisme; on dirait que l'isolement engendre chez l'homme un désir insatiable de *bien* à l'égard de ses semblables. Le prince Louis, lui-même, n'a pas échappé à cette influence, et ses théories les plus insensées sur l'extinction du paupérisme nous viennent du fort de Ham!

Les républicains de l'Assemblée qui combattirent le système cellulaire n'avaient-ils donc jamais fait cette simple remarque?...

Maintenant si de cette philosophie dégradante pour l'espèce humaine, qui, des âges primitifs de J.-J. Rousseau, est venu aboutir au *singe* de M. Littré, nous remontons à la simple pratique de tous les jours, ce qui s'est fait jadis et ce qui se fera toujours, la théorie de la République est fort simple.

Dès que quelque part dans l'univers une *République quel-*

2

conque est proclamée, deux partis se trouvent immédiatement en présence dans ce que j'appellerai le monde militant du républicanisme... le parti *modéré* et le parti *extra.*

De deux choses l'une, ou le parti modéré tiendra la corde, ou bien les *couches profondes* vont escalader le pouvoir.

Dans le premier cas, instabilité imminente ; revendications à jet continu du gros de l'armée républicaine ; malheureusement, ne craignons pas de l'ajouter, appui passif pour ces derniers d'une partie des conservateurs ; surprise croissante des chefs du parti qui croient toujours tenir les rênes d'une multitude à laquelle il n'ont jamais su prêcher que l'indiscipline... et finalement la lutte dégénère en émeute.

La seconde hypothèse se dessine à partir de ce moment, le *gouvernement de tous par tous* arrive à son apogée, les barricades s'élèvent, les nouvelles couches sociales se chauffent à leur aise au soleil de la *licence,* on brûle, on pille, on se fusille mutuellement jusqu'au jour ou un César quelconque devient le seul espoir de ce peuple affamé de libertés. Puis, à la première catastrophe, on renverse le tyran, quand on est parfaitement sûr toutefois qu'il est bien désarmé ; la même révolution des choses recommence et ainsi de suite, jusqu'à ce que la Providence trouve que le châtiment est suffisant.

Voilà ce que c'est que la République, ses effets, ou du moins tout ce que nous en connaissons jusqu'à présent.

Vous avez beau nous dire que ce n'est pas là la République, et que ces excès ne sont qu'une conséquence de *l'oppression des tyrans ;* je vous répondrai à cela que la forme républicaine n'est pas née d'hier, que vous n'en êtes pas les inventeurs, que plusieurs siècles en ont consacré de cruelles expériences, que l'antiquité et le moyen-âge nous en livrent de funestes exemples ; que le mouvement communal du XIIe siècle, dans notre propre pays, ne fut que la formation d'une série de petites Républiques, dont la fin fut parfois plus lugubre que l'émancipation elle-même.

Des quatre Révolutions que nous comptons à notre avoir, pas une n'eut des débuts sanglants !

Ce ne furent ni Louis XVI, ni Charles X, ni Louis-Philippe, ni Napoléon III, qui eurent à réprimer l'émeute !

Ce furent toujours les premiers novateurs eux-mêmes, ceux, et je les considère comme les plus funestes, qui exaltent à chaque instant les appétits grossiers de la multitude, et qui sont tout étonnés, dès qu'ils sont eux-mêmes au pouvoir, de ne plus être les favoris de cette multitude, venant aussitôt leur demander de mettre les actes en conformité avec la doctrine.

S'il fallait prendre cette théorie au sérieux,—cette réaction qui suit la chute d'un empire ou d'une royauté, de tout pouvoir, enfin, qui agit, — quelle catastrophe aurions-nous donc à redouter si, demain, le Maréchal venait à nous manquer, avec quarante départements en état de siége ?

. . . .

Au point de vue psychologique, la République est un *sentiment personnel*, tellement personnel qu'il est rare de rencontrer un républicain qui ne vous fasse aussitôt la déclaration suivante :

— « Je suis républicain, et je m'en flatte ; mais n'allez pas
» croire au moins que je suis républicain comme celui-ci...,
» comme celui-là..., ou comme beaucoup d'autres...
— » Mais comment donc êtes-vous républicain ?...
— » *Comme on doit l'être...* »

Ce *comme on doit l'être* est un monde ; n'allez pas vous figurer que ce soit là la base d'un système commun à un certain nombre d'affiliés et sur lequel il soit possible d'établir quelque chose de précis et de solide...

Ce *comme on doit l'être* veut dire, comme je le suis moi-même, comme je voudrais que tout le monde le fût, comme il n'est pas possible de ne pas l'être...

Puis, comme toute explication est assez difficile sur ce terrain et que l'entente n'y est pas commode, le chœur républicain coupe court à toute discussion en s'écriant avec âme : « *faisons l'esssai loyal!!* »

L'essai loyal de qui?... *L'essai loyal* de quoi?...

Un *vieux* néophyte de la République a dit quelque part que la *République n'était possible qu'une fois les républicains mis à la porte*.....

Ceci n'était qu'un axiôme ; mais, partant de là, le Président de l'ordre des choses de cette époque prononçait pour la première fois le mot d'*essai loyal*.

Il ne pouvait évidemment s'agir que de l'essai loyal de sa politique à lui, puisque, chef de la République, il commençait par répudier les républicains de vieille roche.

Le premier acte de l'*essai loyal* fut l'annulation du *Pacte de Bordeaux*..., vous conviendrez bien avec moi que le mot *loyal* n'était qu'une forme oratoire...

M. Thiers qui, s'il était resté au pouvoir, serait aujourd'hui un des plus fermes piliers du parti conservateur, est devenu, depuis sa chute, un républicain parfaitement nuancé ; s'il fallait prendre au sérieux toutes les idées émises par ce surprenant septuagénaire, sa candidature à la présidence ne serait plus dès lors soutenable, puisque sa *République n'est possible qu'une fois les républicains mis à la porte...*

La théorie de l'*essai loyal* de la République sans républicains a sombré dans le naufrage du 24 mai... du moins comme théorie.

En présence du *Provisoire* qui a surnagé à la débâcle, la thèse se modifie, on ne dit plus « *faisons l'essai loyal,* » on répète partout « *si nous pouvions faire un essai loyal!...* »

Quelques hommes de bonne volonté se dévouent et la République est définitivement proclamée et constituée...

La Constitution du 25 février viendra-t-elle permettre l'*essai loyal ???...*

Qui pourrait en douter, en voyant le maréchal de Mac-Mahon à la tête du gouvernement?...

M. Louis Blanc, dans une lettre adressée dernièrement à quelques députés de la Drôme, va nous répondre :

« Ouvrons la Constitution, écrit-il, et cherchons-y la Répu-
» blique... où l'y trouvons-nous?... »

La sienne, nulle part évidemment,... dès lors, pour lui, ce n'est pas la République.

Les républicains sont incapables de faire cet *essai loyal*, qu'ils proclament avec tant de fracas, sous quelque forme que cet essai se présente ; car ils l'ont prouvé, et je ne sais quelle illusion pousse certains hommes sincères à rester aveugles ; les républicains ne reconnaissent comme forme de gouvernement que celle où ils occupent le premier rang... et encore, que de confusion et de tiraillement au sein de leur propre parti !... hors de là, l'expérience vient le prouver chaque jour, le groupe vraiment républicain combattra toutes les constitutions, même celles auxquelles ses chefs auraient accordé leur vote.

Le caractère distinctif du vrai républicain français est le sentiment inné de la supériorité de son républicanisme personnel sur celui de ses coreligionnaires politiques eux-mêmes ; et combien M. Thiers était dans le vrai, comme il devait avoir étudié à fond ce monde républicain, lorsqu'il s'écriait que « *la République n'était possible que sans républicains.* »

Ce n'était pas là, comme beaucoup l'ont cru, une allusion personnelle ; M. Thiers a parfois de grandes idées, surtout lorsqu'il se laisse guider par le patriotisme.....

Qui sait si, en se plaçant aujourd'hui à la tête du parti républicain, l'éminent politique ne cherche pas à sauver la France d'une défaite honteuse en face de quelque comparse vulgaire ?.....

Si M. Thiers n'est devenu républicain que pour être, au

moment du danger, dans le camp ennemi, cet acte rachèterait bien des fautes, et son nom resterait intimement lié dans la suite à une des époques les plus laborieuses et les plus critiques de notre histoire . . . .

. . . .

Laissons donc M. Thiers appeler la République à son républicanisme personnel, et n'accordons pas une crainte peut-être exagérée à une attitude que l'avenir peut venir corriger dans ce qu'elle a d'ambigu et de surprenant.

Et si maintenant nous en venons à fouiller les personnalités de tous ceux qui se disent républicains, dans quel gâchis allons-nous nous engager, et combien le libéralisme de tout ce monde-là gagne à être vu de loin !...

Le républicain est libéral, c'est là sa seule et unique raison d'être ; libéral, mais dans le sens le plus large du mot ; libéral quand même, libéral pour tous.....

La moindre restriction apportée par lui au libéralisme lui fait perdre son existence propre.....

Car enfin une monarchie, quelle qu'elle soit, ne peut-elle donc, elle aussi, avoir sa pointe de libéralisme?.....

Elle sera libérale, dit-on, mais elle apportera toutes les entraves aux idées qui seront en opposition avec les bases de sa constitution!...

Soit, mais dès lors le républicanisme ne surpassera la monarchie en libéralisme qu'à condition de n'apporter aucune entrave aux idées qui seront diamétralement opposées aux fondements même de sa constitution.

Il est impossible de sortir de ce dilemme, et vous n'en sortirez, vous, républicain, qu'à la seule condition de renverser tout l'échafaudage de vos théories utopistes, et de nous déclarer loyalement que vous n'êtes qu'un *parti*...

Un parti comme la légitimité, comme l'orléanisme, comme l'impérialisme.....

Vous êtes un parti, puisque vous avez combattu la *liberté de l'enseignement*.

Vous êtes un parti, puisque vous n'admettez pas la *liberté de tester*..... et tant d'autres.

Mais, me direz-vous, certaines libertés sont funestes dans la vie économique d'un peuple.

Rien de plus vrai, mais n'est-ce pas là le raisonnement ordinaire de tout gouvernement monarchique?...

— La République ainsi comprise deviendrait impossible, ajouterez-vous, et incompatible avec l'idée d'un pouvoir exécutif.

Je vous ferai remarquer à cela que la République n'ayant de raison d'être et n'ayant aucune signification propre qu'à la seule condition d'être quelque chose de plus qu'un gouvernement monarchique quelconque, si cette condition n'est pas remplie, si avec la République nous n'avons pas plus qu'avec la monarchie, pourquoi venir embrouiller le vocabulaire politique, déjà si bien fourni, d'un mot de plus?

Car, puisque dans l'hypothèse d'être libéral dans toute l'acception du mot, la République devient impossible, — c'est vous qui me le dites et je ne vous le fait pas dire, — je ne vois pas bien au juste pourquoi nous aspirerions, quand même, vers une forme idéale qui ne nous a jamais laissé comme souvenir que la ruine et la désolation.

Certaines libertés sont contraires à vos idées de forme gouvernementale ; contraires à notre droit ; contraires, si vous le voulez, à l'esprit de 89..... Soit, je l'admets encore; je suis peut-être de votre avis, mais alors quelle différence y a-t-il entre la République et une monarchie quelconque?...

Un président de la République, au lieu d'un roi..... Voilà tout.

Cependant je me trompe, il y a une différence, et elle est grande : avec un roi on sait où l'on va, avec la République et ses couches diverses, nul ne peut prévoir où l'on s'arrêtera.

Ce mot République, qui, de quelque côté qu'on le tourne, ne présente aucune surface bien claire, couve cependant de grandes choses.....

Pour l'ambitieux, c'est le marche-pied de son avenir.

Pour ce qui grouille dans les bas-fonds de la société, c'est la guerre sourde de celui qui n'a pas contre celui qui possède...

Pour le bourgeois, c'est le moyen, après s'être courbé toute la journée jusqu'à terre devant ses clients, de prendre, le soir, quelques airs d'indépendance...

Pour le pauvre d'esprit, c'est la seule ressource de trouver dans quelques grandes tirades qu'il répète, l'assurance d'être un politique consommé...

Chez le parvenu, c'est le moyen de se venger de quelque piqûre faite à son amour-propre.

Chez le désœuvré, c'est la seule preuve d'action qu'il puisse montrer.

Et chez le Français, c'est le seul moyen d'avoir l'air de ne pas aimer à être dirigé...

. . . . , . . .

Pour nous, gens à *Opinion Grise*, nous estimons que les manœuvres républicaines ne peuvent être que *préjudiciables* à la grandeur de notre pays, et nous ne voulons de vous à aucun prix pour alliés...

La Constitution du 25 février, quoique plusieurs de vous lui fassent patte de velours, n'a pas de plus violents ennemis que vous-mêmes, et c'est sur les bases de la Constitution du 25 février que doit se former le parti des gens à *Opinion Grise*, dont je vais rapidement vous retracer le programme, fort simple, d'ailleurs.

III

L'OPINION GRISE

L'*Opinion grise* est avant tout une opinion de transition, destinée à rallier tous les vrais conservateurs, — et j'entends par conservateurs les partisans de l'ordre et matériel et moral, — destinée, dis-je, à rallier les vrais conservateurs contre l'ennemi commun, le Radicalisme, *sous quelque forme modérée qu'il puisse se présenter.*

Et cela surtout sur le terrain des prochaines luttes électorales.

Car, il faut s'entendre un peu.

Étant donné, et c'est notre avis le plus intime, que le scrutin de liste ne pouvait convenir que d'une manière imparfaite aux aspirations de chacune de nos agglomérations diverses ;

Étant donné et acquis que le scrutin d'arrondissement fait de l'Intérêt général, non plus un courant politique plus ou moins vrai, mais la simple résultante des Intérêts particuliers ; je crois que si chacun des partis dont je viens de m'occuper, se présente aux électeurs avec les systèmes si divers qui les séparent, et prend possession du terrain conservateur, avec la théorie qui est à son usage personnel, le but des élections prochaines est manqué, la volonté du pays pour ou contre telle ou telle forme de gouvernement, ne peut être connue, et nous retombons dans le *gâchis moral*, si je puis m'exprimer ainsi, dans lequel nous nous trouvons depuis cinq ans.

Chacun tirera de nouveau de son côté, et ce ne sera pas au plus sage ni au plus digne que finalement nous aurons à faire, mais au plus audacieux.

On a beaucoup parlé ces derniers temps de candidatures officielles, et M. Tolain, demandant au gouvernement de quelle couleur pourraient se parer ceux que le ministère viendrait à désigner comme représentant le mieux ses idées et sa politique, M. Tolain, dis-je, s'est attiré une réplique vigoureuse de la part de l'honorable garde des sceaux.

Cette réplique fait honneur au caractère de l'honorable M. Dufaure, mais elle ne résout pas la question, qui, présentée avec plus de tact et de mesure, mérite d'être examinée.

Si les partis, comme je le disais plus haut, restent chacun sur leur terrain, il arrivera très certainement que, pour parer à la recrudescence démagogique, le gouvernement qui certes, et cela ne souffre aucune contestation, a le droit de se défendre sur le terrain électoral, le gouvernement en arrivera à appuyer les représentants de différents drapeaux.

Légitimiste d'un côté, il sera considéré d'un autre comme bonapartiste, jusqu'à ce qu'ailleurs on s'aperçoive qu'il est complétement dévoué aux orléanistes, qui, à leur tour pourront lui rapprocher plus loin d'être devenu républicain ; tout cela évidemment, dis-je, à travers les différentes proclamations de foi de ceux qu'il aura préféré.

Et cependant le gouvernement, comme l'ont fort bien fait remarquer ces jours-ci les différents ministres dans leurs déclarations soit devant la Chambre, soit devant les commissions parlementaires, le gouvernement est décidé, et nul n'a le droit d'en douter, de rester sur le terrain conservateur établi par la Constitution du 25 février.

A qui donc devra incomber la faute, à la suite des prochaines Elections Législatives, d'avoir placé le gouvernement en butte aux réclamations de tous les partis ?

Aux partis eux-mêmes.

Le radicalisme, ne perdons pas cela de vue, cherchera peut-être à paraître parfaitement désuni.

Ne nous laissons pas prendre à de vaines déclamations, l'action saura bien fondre toutes ces nuances dans un moment critique, n'en avons-nous pas fait déjà la cruelle expérience ?

Le Centre Gauche consent-il aujourd'hui à se séparer de l'Extrême-Gauche dans la question des élections sénatoriales ?

Toutes les Gauches sauront bien se réunir un jour sous un nom — la RÉPUBLIQUE, *qui n'est qu'un nom.*

Pourquoi tous les groupes conservateurs ne s'uniraient-ils pas eux aussi sous un non — l'OPINION GRISE, *qui ne sera qu'un nom.*

Dès lors toute confusion disparaît, et le gouvernement peut descendre dans l'arène politique sans craindre les compromis et les suppositions injurieuses de MM. Tolain… et autres.

Adversaire implacable du Radicalisme, *sous quelque forme modérée qu'il puisse se présenter,* l'*Opinion grise,* débarrassée de toute étiquette monarchique et républicaine, n'aura plus qu'à inscrire sur son drapeau comme programme politique : MAINTIEN LE PLUS ABSOLU DE LA CONSTITUTION DU 25 FÉVRIER, DANS TOUTES SES PARTIES, SANS EN EXCEPTER SURTOUT LE DROIT DE RÉVISION.

Par *Droit* de *Révision* nous entendons, et cela à l'encontre de certains partis monarchiques, non la substitution de quelque autre Constitution inconnue, mais les modifications que les circonstances peuvent amener dans la suite à la Constitution du 25 février.

Dans la lettre de M. Louis Blanc, dont il est question plus

haut, l'honorable intransigeant passant en revue les articles des *Lois constitutionnelles*, arrive à cette conclusion :

« Ah ! si jamais il arrivait que les monarchistes vissent jour
» à appeler un roi, ils n'auraient qu'un mot à effacer dans la
» Constitution, rien qu'un mot, et ils pourraient crier à leur
» maître : « Venez, tout a été organisé d'avance ; la monar-
» chie n'est pas à faire, elle est faite ? »

Eh bien ! n'en déplaise à M. Louis Blanc, la Constitution qui remplirait de telles conditions de vitalité et de force serait pour nous l'idéal des Constitutions !...

Le jour où nous pourrons crier à celui que nous aurons choisi pour maître : « Venez, tout a été organisé d'avance ; » votre gouvernement n'est pas à faire, il est fait ! » Ce jour-là l'*Opinion Grise* n'aura plus de raison d'être et disparaîtra ; car ce jour-là la France sera sauvée de la rhétorique des intransigeants et des fureurs démagogiques.

La Constitution du 25 février nous offre des garanties d'ordre et de stabilité, nous ne lui demandons pas autre chose pour le moment ; et le *Droit de Révision*, c'est-à-dire le droit d'y apporter toutes les modifications nécessaires, est pour nous un gage d'avenir.

A l'abri de cette Constitution, nous n'aurons plus à demander à nos gouvernants à quelle opinion ils appartiennent, nous laissons la voie toute grande ouverte à toutes les compétitions.

. . . .

Rassurés par la présence du maréchal de Mac-Mahon à la tête du pouvoir, nous ne demanderons à la diplomatie française qu'à se rendre compte de la manière la plus certaine quelle forme de gouvernement seconderait le mieux, dans l'avenir, notre influence extérieure, quelle ligne de conduite nous avons à suivre, pour reprendre notre place dans l'équilibre, momentanément interrompu, du concert européen.

Car l'orateur d'Arcachon a beau dire que partout la politique de non-intervention s'est substituée à la politique d'intervention dans les affaires des peuples, la *Gazette nationale* de Berlin se charge de donner un démenti formel à cette allégation, du moins en ce qui nous concerne.

Répondant au désir qu'un organe officieux du gouvernement français aurait exprimé de voir la France faire partie de l'alliance des trois empires, la feuille berlinoise ajoute :

» La confiance est une plante qui croit lentement. Si les
» Français se pénètrent de cette vérité, ils laisseront à l'Eu-
» rope le temps d'éprouver de nouveau de la confiance pour
» la France. La consolidation intérieure de ce pays a fait des
» progrès extraordinaires ; il possédera bientôt un gouver-
» nement régulier et une Constitution régulière ; il n'est pas
» impossible que cette Constitution rende définitif ce qui
» n'est encore que provisoire. *Mais tant que les Français ne*
» *sauront pas eux-mêmes, d'une manière certaine, si ce qui est*
» *aujourd'hui sera encore demain, comment l'étranger pourrait-*
» *il avoir confiance ?* »

L'ex-président de la République française sera-t-il convaincu ?...

Dans la lutte qui vient de s'ouvrir entre l'enseignement libre et l'enseignement de l'Etat, nous saurons, sans faiblesse aucune, tenir une balance équitable entre ces deux joûteurs, laissant ensuite aux pères de famille la liberté de choisir. Liberté, et ce n'est pas la seule, que leur contestent de prétendus libéraux de vieille souche.

N'avons-nous pas, d'ailleurs, un mieux sensible à constater dans la situation de l'Université ? Et le conseil municipal de Paris se serait-il même occupé d'accorder une subvention quelconque aux Facultés de l'Etat si ses frayeurs radicales ne lui présentaient comme un fantôme l'influence religieuse enveloppant peu à peu le Palais du Luxembourg ?...

L'Opinion Grise réunira sous son égide tous les hommes de cœur qui, abstraction faite de parti pris, de relations, d'intérêt et d'ambition, ne songeront qu'à la prospérité de la France, et dans ce but pourront dès lors combattre avec succès certain l'influence radicale dans nos prochaines luttes électorales.

Puis, lorsque le repos et la confiance auront repris leur place parmi nous, lorsque nous aurons une bonne fois pour toute repoussé la lèpre dévorante du radicalisme, attentifs et surtout impassibles, nous n'aurons plus qu'à assister sans crainte au *steeple-chase* des partis politiques dont le but sera la *Révision*.

Ce jour-là, nous pourrons compter ce que chacun d'eux aura gagné de droits à notre confiance, et, le parti auquel nous nous rangerons pourra, dès lors, prendre sans faiblesse les rênes du pouvoir.

Appuyé sur une opinion publique dégagée de toute surprise et de toute frayeur, IL SERA FORT, et c'est un gouvernement fort qu'il faut à la France.

Une nouvelle génération, dont je fais partie, qui n'a vu jusqu'à présent de la chose publique que le malheur et le chaos, demande aujourd'hui à prendre sa part, elle aussi, dans les affaires publiques.

Élevés et bercés dans l'idée de la grandeur impérissable de notre pays, nous nous sommes éveillés à la vie politique sous l'étranger, qui comptait notre or et germanisait nos provinces.

Les larmes de rage qui ont coulé de nos yeux désillusionnés nous ont vieilli avant l'âge, et nous demandons aujourd'hui notre place dans les délibérations qui vont décider l'avenir de notre pays.

1880, tel est le terme que nous exigeons pour mûrir notre pensée et bien définir nos aspirations; jusque-là, *nul n'a le droit de nous imposer un principe.*

Le présent nous rassure ; l'avenir, c'est notre affaire.

Rangés sous la bannière de l'*Opinion Grise*, nous ne demanderons à l'illustre soldat, dont nous nous glorifions d'être les soutiens, que de rester jusqu'au terme de son mandat le Président d'un *Gouvernement Gris*.

Paris. — Imp. Balitout, Questroy et C°, 7, rue Baillif.